BEI GRIN MACHT SICH IHR WISSEN BEZAHLT

- Wir veröffentlichen Ihre Hausarbeit,
  Bachelor- und Masterarbeit

- Ihr eigenes eBook und Buch -
  weltweit in allen wichtigen Shops

- Verdienen Sie an jedem Verkauf

Jetzt bei www.GRIN.com hochladen und kostenlos publizieren

Anika Grätz

Nützlichkeit und Notwendigkeit von Theater im Unterricht

GRIN Verlag

Bibliografische Information der Deutschen Nationalbibliothek:

Die Deutsche Bibliothek verzeichnet diese Publikation in der Deutschen National-
bibliografie; detaillierte bibliografische Daten sind im Internet über http://dnb.d-
nb.de/ abrufbar.

Impressum:

Copyright © 2013 GRIN Verlag GmbH
Druck und Bindung: Books on Demand GmbH, Norderstedt Germany
ISBN: 978-3-656-40211-4

Dieses Buch bei GRIN:

http://www.grin.com/de/e-book/211752/nuetzlichkeit-und-notwendigkeit-von-
theater-im-unterricht

GRIN - Your knowledge has value

Der GRIN Verlag publiziert seit 1998 wissenschaftliche Arbeiten von Studenten, Hochschullehrern und anderen Akademikern als eBook und gedrucktes Buch. Die Verlagswebsite www.grin.com ist die ideale Plattform zur Veröffentlichung von Hausarbeiten, Abschlussarbeiten, wissenschaftlichen Aufsätzen, Dissertationen und Fachbüchern.

Besuchen Sie uns im Internet:

http://www.grin.com/

http://www.facebook.com/grincom

http://www.twitter.com/grin_com

Inhaltsverzeichnis

1

1. Einleitung

Immer mehr Schulen versuchen dem steigenden Bedürfnis von Eltern nach individueller Förderung ihres Kindes nachzukommen, indem sie zahlreiche Kreativangebote unterbreiten (Liebau et al.2009, 7). Hierzu zählen diverse Arbeitsgemeinschaften: von Fotografie zur Ölmalerei bis hin zur Big Band ist alles möglich. Doch nicht nur im außerunterrichtlichen Bereich verspricht man diese besondere Unterstützung- auch im Unterricht soll der Fokus auf der Einzigartigkeit jedes Kindes liegen und es wird mit den außergewöhnlichsten Methoden geworben. Gruppen- und Freiarbeit sowie das Stationenlernen scheinen aus dem heutigen Unterrichtsalltag nicht mehr wegzudenken und natürlich immer dabei ist der kreative Aspekt.

Die Schulleiter und deren Teams sind sich bewusst über die sich wandelnde Gesellschaft und die Wichtigkeit von Kunst[1] und ästhetischer Bildung[2], jedoch wird diese „Schulkultur massiv gefährdet und steht nach PISA in Gefahr, kulturell zu verarmen" (Liebau et al. 2009, 7). Die Fokussierung auf die naturwissenschaftlichen Fächer und Fremdsprachen scheint somit auf Kosten der sogenannten Kreativfächer zu laufen. Musik, Kunst, Darstellendes Spiel und andere Interessengruppen finden immer weniger Beachtung in der Verteilung der Budgets an Unterrichtsstunden und Fördermitteln (Liebau et al. 2009, 7).

Aufgrund der Überflutung mit Bildern aus Fernsehen, Internet und Zeitschriften sind wir heutzutage darauf getrimmt, uns nur noch unter Zeitdruck durch diese Informationsflut zu quälen. Das Betrachten aus anderen Blickwinkeln kommt hierbei viel zu kurz. Die Schulung von Mimik, Gestik, die Bedeutung des Ausdruck und der Art und Weise von Handlungen kann nicht mehr berücksichtigt werden.

Die selbstbestimmte Wahrnehmung von Ereignissen, die eigene Interpretation wird oft durch vorgefertigte Meinungen und Darstellung aus vielerlei Medien vorweggenommen. Das Präsentieren von Vorträgen und die Wirkung von nonverbaler Kommunikation scheinen in den Köpfen einiger Schüler und Schülerinnen nicht verinnerlicht zu sein. So kann man in vielerlei Fällen durch Gespräche mit Lehrern erfahren, dass die Kinder und Jugendlichen heutzutage nicht mehr in der Lage sind, in den Schulgängen zu grüßen, eine Präsentation ohne unsicheres Zuppeln und Zappeln am Pullover zu halten oder einfach durch Mimik und Gestik ihre Rede zu unterstützen.[3]

---

[1] Kunst im Sinne von kreativer Betätigung an Schulen, nicht ausschließlich das Unterrichtsfach Kunst
[2] ästhetische Bildung: Die Wissenschaft und Lehre vom Schönen, aus dem Griechischen: Die Wissenschaft vom sinnlich Wahrnehmbaren (Duden 2012)
[3] Hierbei wird auf Gespräche mit Lehrern und Lehrerinnen des SGP zurückgegriffen. Die Interviews befinden sich in der Quellenauflistung.

„Theater muss die Lust am Erkennen erregen, den Spaß an der Veränderung der Wirklichkeit organisieren." (Brecht, 1953)

Und so muss es doch einen Weg geben, Theater in den Unterricht zu integrieren, den Blick der Schülerinnen und Schüler zu öffnen, um die Welt aus anderen Blickwinkeln betrachten zu können. Und all das ohne die Inhalte des Rahmenlehrplans, die jede Lehrkraft unter Zeitdruck setzen, zu vernachlässigen. Diese Eingliederung von Theater als Beispiel für ästhetische und kreative Bildung im Fremdsprachenunterricht soll in der folgenden Arbeit näher beleuchtet werden.

2. Eingliederung von Theater in den Fremdsprachenunterricht

2.1 Nützlichkeit von Integration von Theater in den Unterricht

Theater versteht sich als Form von Kunst, welche hier als das schöpferische Gestalten aus unterschiedlichen Materialien, aber auch aus Sprache in der Auseinandersetzung mit der Welt zu verstehen ist. Theater reflektiert, verändert und interpretiert Ereignisse, Gefühle und Blickwinkel. Wie Liebau et al. betonen, fördert kulturelle Bildung, zu denen er das Theater ganz selbstverständlich zählt, eine differenzierte Wahrnehmung sowie diene sie als Hilfe zur Gestaltung des Lebens insgesamt. (Liebau et al. 2009, 8)

Grosse-Brockhoff verlangt nach kultureller Bildung, nach Theater an Schulen, das durch Künstlerinnen und Künstlern und nicht nur Lehrkräfte geleitet wird. (Liebau et al. 2009, 14).

Warum Theater in die Schule gehört, bedarf keinerlei Diskussion, sieht man sich den Artikel 27 in der Allgemeinen Erklärung der Menschenrechte an. Dort heißt es: „Jeder hat das Recht, am kulturellen Leben der Gemeinschaft frei teilzunehmen, sich an den Künsten zu erfreuen und am wissenschaftlichen Fortschritt und dessen Errungenschaften teilzuhaben."

Und Theater gehört auch zu den Künsten, die immer weniger Kinder in ihren Familien nahegelegt bekommen. Viel zu sehr dominieren das Internet, DVDs, verschiedene Videoplattformen im Internet und natürlich das Fernsehen. Von den 10- 15 Jährigen Deutschen nutzen 61 Prozent jeden Tag das Internet. (Statistisches Bundesamt 2011)

Hierbei wird nicht nur deutlich, welche Wichtigkeit die neuen Medien in unserem Leben schon im Kindesalter einnehmen. Es muss auch betrachtet werden, welchen Zugang Schüler und Schülerinnen heutzutage zu Informationen aller Art haben. Selten von den Eltern kontrolliert, können sie sich durch die Millionen von Seiten klicken, die das Internet anbietet.

Theater gilt nicht als Lieblingsbeschäftigung der Schülerinnen und Schüler. Vielmehr ist es doch mit einer ‚trockenen' Fassade behaftet, einem ‚ältlichen' Glanz- eben etwas für Erwachsene. Das zeigt sich auch deutlich an der Statistik zu Theaterstücken in Deutschland. Von rund 26.5 Millionen Theaterbesuchen fallen lediglich etwa 2.6 Millionen Besuche auf Kinder-und Jugendstücke aus. (Statistisches Bundesamt 2011)

Natürlich ist die Anzahl der Jugendlichen und Kinder weit unter derer der Erwachsenen, dennoch gerät Theater in seiner ursprünglichen Form- in seiner greifbaren Nähe und Erfahrbarkeit- immer mehr in den Hintergrund.

2.2 Theater im Fremdsprachenunterricht

Theater bietet einen Perspektivwechsel auf die Gesellschaft und das Leben. So zum Beispiel steht im Konzept der Jenaplanschulen „Mit Kopf, Herz und Hand". Der Kopf steht hierbei für Struktur, die jedem Unterricht, auch auf kreativer Basis, innewohnen muss. Das Herz dient der inneren Anschauung- Gefühle wie Liebe, Dank und Zutrauen sollen entstehen. Gefühle, Selbstüberwindung und Reflexion bilden hierbei die drei das Herz betreffenden Gebiete.

Die Hand steht für die körperliche Bildung, nach Pestalozzi ist dieser Bereich jedoch vor allem an die ärmeren Arbeiterschichten gerichtet, die auf das Leben vorbereitet werden sollen. (Friedrich 2010, 12f.) Heute ist dies am ehesten mit dem Sport- oder Werkunterricht vergleichbar.

All diese drei Gebiete kann Theater bedienen. Vor allem im Fremdsprachenunterricht kann es Sprachbarrieren überbrücken und für mehr Selbstbewusstsein, aber auch für Reflexion des eigenen Handelns sorgen. Durch Theaterbesuche und Rollenspiele kann dies für die Schülerinnen und Schüler direkt erfahrbar gemacht werden.

Im Rahmenlehrplan für die erste Fremdsprache vorgeschriebene Themen und Inhalte für den Fremdspracheunterricht wie beispielsweise Stars und Idole für die Klasse 7 (RLP, 44), Mensch und Natur für die Klasse 8 (RLP, 50) können wunderbar in Rollenspielen oder Kreativaufgaben, die eng mit dem Theater verbunden sind umgesetzt werden. Hierbei können Konflikte in der Fremdsprache nachgestellt werden, die die SuS selbst entwickeln dürfen.

Die Stärkung der Kompetenzen wird hierbei besonders gefördert und geschieht teilweise unbemerkt: Die soziale Kompetenz bei der Gruppenarbeit, die kommunikative- schriftlich bei der Entwicklung eines Rollenspiels oder der Bearbeitung der Aufgaben als auch mündlich bei Äußerungen oder spontanen Reaktionen auf Fragen und die methodische Kompetenz werden

4

trainiert. Die produktive Kompetenz- mündlich sowie schriftlich kann durch gezielte Aufgaben ebenso Bestandteil der Arbeit mit Theater sein.

Ein Aufenthalt bei einer Gastfamilie im Zielsprachenland kann Probleme erzeugen, die beispielsweise mithilfe eines Rollenspiels zur Vorbereitung auf eine solche Situation Sicherheit im fremdsprachlichen Handeln schaffen können. Auch die interkulturelle Kompetenz beim Hineinversetzen in Personen aus einer anderen Kultur bringt neue Aspekte und Erfahrungen ins Klassenzimmer, sie regt zu Diskussionen und Auseinandersetzungen an.

„Nichts ist im Verstand, was nicht vorher in den Sinnen.''[4] (John Locke)

Theater regt alle Sinne an- die Schüler können es hören, sehen und sogar fühlen. Sie können sich berühren lassen von dem, was vor ihren Augen geschieht und einen kreativen Umgang mit dem Alltag erlernen. Im Fremdsprachenunterricht dient vor allem das Rollenspiel dazu, Barrieren und Unsicherheiten abzubauen und den Teamgeist in der Klasse zu stärken. Ganz nebenbei kann große Literatur kreativ behandelt werden und von neuen Perspektiven betrachtet werden.

Doch soll in dieser Arbeit näher auf den Theaterbesuch im Rahmen des Unterrichts eingegangen werden.

3. Der Theaterbesuch

Der Theaterbesuch ist die beste Voraussetzung für das spätere eigene Gestalten von Rollenspielen oder kleineren Theaterstücken im Schulunterricht. Doch leider sind mit dem Begriff „Theaterbesuch mit Schülern" bei vielen Lehrpersonen vor allem negative Erfahrungen verbunden. Da ist die Rede von anstrengenden, pubertierenden Teenagern, die alles andere im Sinn haben als sich auf ein Theaterstück einzulassen. Sie seien eher damit beschäftigt die Vorstellung zu stören und die Schule als solches damit zu blamieren. Viele Lehrpersonen scheuen sich vor dem Besuch eines Theaterhauses, wie auch Daniela Scheuren, Theaterpädagogin in Würzburg, feststellt. (Scheuren 2008, 3)

Es sei allerdings wichtig, dass Theater zu einem Teil von Unterricht werde, nicht nur als Wandertag, nicht als siebte Stunde am Nachmittag, sondern vollwertig integriert in den Curriculum betont Dr. Schneider als Präsident der Internationalen Vereinigung des Theaters

---

[4] Dieses Zitat von John Locke verweist auf die Notwendigkeit des Zusammenwirkens zwischen dem Lernstoff als solchem und der Verinnerlichung durch das Empfinden. Somit wird am effektivsten gelernt, was auch Gefühle auslöst.

für Kinder und Jugendliche. Man brauche Respekt für die Kunst und für die Bildung, die Theater schafft. (Scheuren 2008, 4)

Doch auch die Bedenken der Lehrkräfte sollten nicht unbeachtet und unkommentiert bleiben. Eine ängstliche und unmotivierte Lehrkraft wird kaum für Theaterbesuche begeistern können und ein Scheitern des Erlebnisses ist vorprogrammiert. Der „Lümmel aus dem ersten Rang" wird sonst zu schnell zum stereotypen Bild von SuS im Theater wie ein beeindruckender Artikel des Hamburger Abendblattes schildert. (Oehmsen 2008)

Mit guter Vorbereitung allerdings kann ein Theaterbesuch zu einem Erlebnis werden, das den Unterricht positiv beeinflussen wird und die Schülerinnen und Schüler nachhaltig berührt.

Theater kann neue Perspektiven schaffen, eine Konfrontation mit Literatur und künstlerischer Sprache außerhalb der im Unterricht behandelten Literatur erreichen, Medium der sozialen Fantasie, die in jeder Person schlummert, aber auch die Reflexion von Verhalten sein. Theater kann die Anschauung des eigenen Lebens, ein Spiegel der Zeit oder aber ein Anstoß zum kreativen Umgang miteinander und mit dem eigenen Alltag sein.

Besonders interessant ist hierbei, wie Literatur- auch Pflichtlektüre aus dem Sprachenunterricht- zum „Leben erweckt" wird und die Schülerinnen und Schüler in ihren Bann ziehen kann. Eine Strukturgabe vor dem Theaterbesuch ist hier wie bei jeglicher anderer Unterrichtsplanung unabdingbar. Pädagogische Dossiers werden hierbei von zahlreichen Theatern zur Verfügung gestellt.

3.1. Vorbereitung

Prächtige Bühnenbilder, Choreografien, Masken, Kulissen, Mimik und Gestik lassen sich von den Schülerinnen und Schülern nur wahrnehmen, wenn sie richtig auf den Theaterbesuch vorbereitet sind. Doch nicht erst hier darf die Vorbereitung starten. Es ist essentiell für einen gelingenden Theaterbesuch, dass die Lehrperson sich bewusst darüber wird, welch außergewöhnlicher Ort so eine Spielstätte für einige Schülerinnen und Schüler darstellt. Viele von ihnen sind nicht vertraut mit der Atmosphäre und den Gepflogenheiten, die hier herrschen.

Die Lehrperson muss schon für die Vorbereitungsphase genügend Zeit einplanen, um angemessen und sinnvoll auf ein Stück vorzubereiten. Schließlich spart diese doch recht planungs- und somit zeitintensive Phase viel Zeit und vor allem auch Stress während und nach dem Theaterbesuch.

Scheren betont, dass es nicht darauf ankomme, das Theaterstück inhaltlich aufzuarbeiten. Vielmehr ginge es um das Thema „Theater" an sich. Einige der Schülerinnen und Schüler seien verunsichert, da sie noch nie in einem Theater gewesen sind. So spielen zunächst grundsätzliche Fragen eine Rolle. Gibt es eine Kleidervorschrift? Darf man den Schauspielraum verlassen, wenn man das Stück langweilig findet? Gibt es eine Pause? Was ist, wenn das Stück nicht gefällt?

Scheren bezeichnet die notwendige Konsequenz aus diesen Unsicherheiten „Verabredungen". „Theater ist immer auch eine Verabredung- nicht nur zwischen den Akteuren auf der Bühne, sondern auch zwischen den Schauspielern und dem Publikum." (Scheren 2008, 8)

So wird deutlich, dass vor dem Theaterstück geklärt werden muss, was während einer Vorstellung erlaubt ist und was nicht. Hierzu bietet sich ein mit den Schülerinnen und Schüler gemeinsam erarbeiteter Regelkatalog an. Gemeinsam erarbeitete Regeln lassen die Schülerinnen und Schüler diese auch eher akzeptieren. Ein vorgefertigter Regelkatalog kann zu Desinteresse und Ablehnung führen.

Hierzu einige Vorschläge von Scheren mit Ergänzungen:

<u>Was man im Theater darf:</u>

- Lachen, Weinen, Singen
- Still sein
- Schreien, wenn man sich erschrocken hat
- Sich aufregen, wenn es spannend wird
- Sich abregen, wenn es vorbei ist
- Schlafen, wenn es langweilig ist
- Aufstehen, wenn man etwas nicht genau gesehen hat
- Sich wieder hinsetzen, nachdem man's gesehen hat
- Nachfragen, wenn man was nicht verstanden hat
- Applaudieren, wenn es einem gefallen hat

Was man im Theater nicht darf:

- zu spät kommen
- Rauchen, Trinken, Essen, Telefonieren, Fotografieren, Filmen
- Seinen Rucksack und seine Jacke mit in den Zuschauerraum nehmen (bei einem Brand beispielsweise behindern diese eine reibungslose Räumung des Theatersaals)
- Den Schauspielern ein Bein stellen
- Unaufgefordert auf die Bühne gehen
- Den Nachbarn/die Nachbarin am Zuschauen / Zuhören hindern

Die Unterteilung in Rechte und Pflichten gibt den SuS das Gefühl, dass sie Theater selbst mitgestalten können, selbst als Zuschauer und dass ihre Emotionen- positive als auch negative- akzeptiert und auch erwünscht sind. Denn nur wenn SuS die Sicherheit bekommen, dass sie auch selbst entscheiden dürfen und nicht nur Regeln zu befolgen haben, werden sie sich auf ein Erlebnis dieser besonderen Art einlassen.

Aber allein mit diesem Regelkatalog ist natürlich noch nicht die Vorbereitung abgeschlossen. Viele Theaterleiter sehen den Besuch von Schülerinnen und Schülern in ihren Häusern als Bereicherung an. Thalia- Intendant Ulrich Khuon betont, dass „von jungen Menschen eine positive Energie ausgeht". (Scheren 2008, 5).

So bieten einige Schauspielhäuser mittlerweile liebevoll aufbereitetes Material für ihre Stücke an, die von Theaterpädagogen entwickelt werden. Auch sind Besuche möglich, bei denen es erst einmal um das Kennenlernen des Theaters als solches geht. Hier werden Fragen geklärt, Mysterien aufgedeckt und doch wird nicht alle Spannung genommen.

In Potsdam ist dies Kerstin Kusch, die engagiert auf junge Zuschauerinnen und Zuschauer zugeht und mit ihnen gern auch das Hans Otto Theater erkundet.

Auf den Webseiten der einzelnen Theater findet man oft und leicht zugänglich die passenden Ansprechpartner. Diese erleichtern die Arbeit und entlasten sowohl vor dem Theaterbesuch als auch währenddessen.

Theater wie das Mainfranken Theater, an dem auch die Autorin des Theaterratgebers Daniela Scheuren tätig ist, bieten Begleitmappen, CDs, DVDs, Lektüre und sogar Lehrerstammtische am Theater am, um eine positive Synergie zwischen dem jungen Publikum und dem Schauspielhaus entstehen zu lassen.

Diese ist natürlich essentiell für ein produktives Arbeiten mit Theaterstücken. Natürlich kann und soll im Vorfeld des Theaterbesuchs auf das Stück auch inhaltlich vorbereitet werden, jedoch sollte sich die Lehrperson immer darüber bewusst sein, dass ein zu tiefes Eindringen in den Inhalt auch Enttäuschungen oder Langeweile produzieren kann. Hierzu sind wiederrum die theaterpädagogischen Dossiers, die mittlerweile nahezu an allen Spielstätten angeboten nicht nur als nettes Beiwerk anzusehen, sondern wirkliche für die Lehrperson entlastend wirkende Begleiter.

3.2 Durchführung

In der Phase der Durchführung des Theaterbesuchs soll vor allem auf die Aufgaben eingegangen werden, die die Schüler und Schülerinnen während des Theaterstücks erfüllen sollen. Wie Scheuren immer wieder deutlich macht, sind nicht nur inhaltliche Aspekte zu bearbeiten, vielmehr darf der Fokus während des Theaterbesuchs auf denen für das Theater markanten Eigenschaften liegen. (Scheuren, 2008, 7)

Der Unterschied zwischen einer Pflichtlektüre, die ausschließlich im Rahmen des Unterrichts an der Schule behandelt wird und der Inszenierung an einer Spielstätte, ist eine wunderbare Chance, Aspekte und Perspektiven einer Handlung wahrzunehmen, die beim Lesen und Besprechen innerhalb der Klasse so nicht erdacht, verstanden oder überhaupt erst wahrgenommen wurden.

Deshalb kann ein vorheriges genau wie ein späteres Lesen eines Dramas durchaus Vorteile bringen. Während beim vorherigen Lesen während des Theaterbesuchs keine Charakterbeschreibungen mehr geführt werden müssen, kann dennoch die Frage nach einer alternativen Darstellung durch die Schauspieler gestellt werden. Hierbei soll die Tabelle Abb. 1 zu einem besseren Überblick über die möglichen Aktivitäten in den unterschiedlichen Situationen dienen.

Hierzu ist hinzuzufügen, dass Lehrpersonen sich oft scheuen, ein Theaterstück vor der eigentlichen Lektüre zu besuchen. Meist wird Langeweile und Unverständnis befürchtet. Diese Variante kann aber auch positiv wirken, da nun während des Lesens Details entdeckt und Charaktereigenschaften neuerkannt werden können. Die Schülerinnen und Schüler können Parallelen ziehen und manches als „trocken" empfundene Werk eines Autors bekommt erst nach dem Theaterbesuch und einer interessanten Inszenierung Interesse zugewandt.

Während der Theatervorstellung sollten die Schülerinnen und Schüler nicht durch zu viele Aufgaben belastet werden. Auch Arbeitsblätter oder Schreibzeug und Notizblock sind in der während des Spiels nicht nur aufgrund von störendem Geräuschpotenzial, sondern vor allem wegen ihrer störenden Wirkung auf die Perzeption des Stückes nicht empfehlenswert.

Den Schülerinnen und Schülern sollte im Rahmen der zuvor vereinbarten Regeln der Freiraum zu Interpretation und Hingabe gelassen werden- ohne dass sie durch das Notieren von Stichpunkten zur Beantwortung von Fragen gestört werden.

Es ist für Schülerinnen und Schüler jeglicher Klassenstufe problemlos möglich, dass sie vor dem Theaterbesuch auf bestimmte Fokussierungspunkte vorbereitet werden und sich selbst einen Aspekt herausgreifen, den sie näher untersuchen möchten. Durch diese selbstgewählte Fokussierung gelingt es, echtes Interesse zu wecken und nicht das Gefühl zu vermitteln, dass die Lehrperson fremdbestimmt.

Im Gegensatz zu einem Film, sind im Theater Schnitt und Fokus nicht vorherbestimmt. So kann es sein, dass eine Schülerin oder ein Schüler sich auf die Organisation des Bühnenbildes konzentriert während sich jemand anderes für die Mimik der Schauspielerinnen und Schauspieler begeistert.

Für Schülerinnen und Schüler ist es essentiell, dass sie selbst entdecken dürfen und sich frei äußern können. Ein Erwartungshorizont ist natürlich angebracht, sollte allerdings variabel gestaltbar sein. In Erinnerung ist sich hierbei zu rufen, dass Theater kreatives Denken fordern und fördern soll.

Da es keinerlei konkrete rechtliche Grundlagen im Schulgesetz für Berlin in Bezug auf Wandertage, Exkursionen und Beförderungen durch die Senatsverwaltung für Bildung, Jugend und Sport herausgegeben werden, liegt die Umsetzung solche Ausflüge nunmehr in Eigenverantwortung der Schule nach §7 des Schulgesetztes für Berlin.[5]

Zur stressfreien Durchführung eines solchen Ausfluges sind nach Verteilung der Beobachtungsaspekte und der Besprechung des Theaterstücks vor allem Begleitpersonen notwendig. An vielen Staatstheatern können diese Begleiter kostenlos oder zu einem vergünstigten Preis die Vorstellung besuchen.

---

[5] Schulgesetzt für Berlin, http://www.berlin.de/imperia/md/content/sen-bildung/rechtsvorschriften/schulgesetz.pdf, (letzter Zugang: 31.12.2013):
1)Die öffentlichen Schulen sind nicht rechtsfähige Anstalten des öffentlichen Rechts. Sie sind im Rahmen der ihnen zur Verfügung stehenden Mittel befugt, Rechtsgeschäfte für das Land Berlin abzuschließen; diese müssen der Erfüllung des Bildungs- und Erziehungsauftrags dienen.

Die Theaterleiter und auch die Schauspielerinnen und Schauspieler sind neben der Wertschätzung der jungen Theaterbesucher dankbar für Unterstützung bei eventuellen Störungen der Vorstellung.

Auch für den Transport und einen geeigneten Treffpunkt sollte gesorgt sein. So banal diese Organisationspunkte klingen- je klarer sie organisiert- und vor allem kommuniziert werden, desto weniger Stress entfällt letztendlich auf die Lehrperson und damit auch die Schülerinnen und Schüler.

Eine angenehme Methode bei der Durchführung ist das vorherige Treffen zum Besprechen des Stückes unmittelbar vor dem Stück oder im Anschluss. Thematisch abgestimmt könnte sich zum Beispiel eine Art „Stammtisch" entwickeln- so wissen die Schülerinnen und Schüler, dass im Voraus oder auch im Anschluss an die Vorstellung ein entspannter Teil stattfindet, der vielleicht auch Motivator für künftige Veranstaltungen ist. [6]

Dieser Part ist auch wichtig bei der Stärkung des Klassenverbandes. Entweder in der siebten beziehungsweise fünften Klasse, in der der Klassenverband noch nicht sehr lange in der Form existiert oder auch in der Oberstufe, in der durch das Kurssystem oft kein richtiges Klassengefühl aufkommen kann. Es ist also in jeder Klassenstufe möglich, ein angenehmes Vor- oder Nachbesprechen je nach Gusto zu organisieren.

Wichtig bei der Durchführung ist vor allem, dass die zuvor besprochenen Regeln beachtet werden und hierbei ist auch die Lehrkraft gefragt, die sich ebenso nicht nur die Pflichten der Schülerinnen und Schüler, sondern auch deren Rechte bewusst machen sollte.

3.3 Nachbereitung

Bei der Nachbereitung wie bei der Durchführung ist es essentiell für ein konstruktives Arbeiten, dass sich alle Teilnehmer bewusst machen, dass im Theater eine individuelle Wahrnehmung geschieht. Der Fokus wird also bei jedem Zuschauer ein anderer sein. Sieht man dies als Bereicherung an, ist ein wichtiger Punkt der Nachbereitung schon geschehen.

Hierzu sollte besprochen werden, dass Schnitt und Fokus nicht wie beim Film vorbestimmt, sondern individuell bestimmbar sind.

---

[6] Dies sind persönliche Vorschläge. Hier könnte zum Beispiel im Anschluss an das Stück „Les Misérables" ein französisches Essen stattfinden oder im Voraus ein französisches Frühstück. Somit haben die Schülerinnen und Schüler das Gefühl, dass es sich um ein klassenverbindendes „Projekt" handelt.

Das „Nachspiel" sollte also nicht der reinen Wissensabfragung dienen, sondern im besten Fall neue Horizonte im Gespräch zwischen Lehrer und Schüler ergeben.

Direkt nach der Vorstellung ist ein Gespräch mit Schauspielerinnen und Schauspielern oder RegisseurIN- wie an vielen Theatern angeboten- sehr interessant und ein besonderes und vor allem bereicherndes Erlebnis für beide Seiten.

Dennoch sollte der Theaterbesuch auch noch einmal mit etwas zeitlichem Abstand betrachtet werden.

Hierbei könnte folgender Fragenkatalog hilfreich sein[7]:

? Hast du Fragen zur Geschichte?   ? Hast du alles verstanden?   ? Welcher war der spannendste Moment?   ? Womit fing das Stück an und wie setzte sich die Geschichte fort?   ? Gibt es eine Szene, die dir besonders in Erinnerung geblieben ist? Was ist in dieser Szene passiert?

? Wie endete das Theaterstück?   ? Hättest dir ein anderes Ende gewünscht?   ? Welchen Schluss würdest du vorschlagen, wärest du die Autorin oder der Autor?   ? Hat jeder Schauspieler und jede Schauspielerin nur eine Rolle gespielt oder waren es mehrere Rollen?

? Welche war deine Lieblingsfigur?   ? Welche Figur würdest du am liebsten spielen? Warum?   ? Hätte eine Figur sich anders verhalten sollen?   ? Wie haben sich die Figuren gefühlt?   ? Gab es Wut, Traurigkeit, Freude … und in welcher Szene?

? Was kann man im Bühnenbild alles sehen, was gibt es Besonderes zu entdecken?   ? Ist dir das Licht aufgefallen? Hat es eine besondere Bedeutung?   ? Wie sahen die Kostüme aus?   ? Kannst du das Kostüm deiner Lieblingsfigur beschreiben?   ? Welche Requisiten haben die Figuren benutzt?

---

[7] in Anlehnung an die Vorschläge von Scheuren, 2008.

Dieser Fragenkatalog kann bei sowohl im Unterricht im Rahmen einer Stationsarbeit als auch als individueller Katalog, der ähnlich dem Portfolioprinzip geführt werden könnte. Die Schülerinnen und Schüler legen hierfür eine Art Mappe zu dem gesamten Stück an. In dieser sammeln sie alle behandelten Gegenstände der Geschichte- von der Lektüre bis hin zu den besprochenen Beobachtungspunkten. So haben die Schülerinnen und Schüler am Ende der Unterrichtseinheit ein selbsterstelltes Produkt, das ihnen zur Erinnerung bleibt. Fächerübergreifendes Unterrichten wäre hierbei ideal einsetzbar, zum Beispiel in Bezug auf Kunst. Ein kreatives Gestalten der Geschichte würde sowohl den Kunstunterricht aufgrund der vielseitigen Erfahrbarkeit des Themas als auch im Fremdsprachenunterricht eine weitere Identifikation mit dem Unterrichtsinhalt bewirken.

Schlussfolgerungen

Theater und Schule gehören einfach zusammen. In Zeiten von Internet, Smartphones und iPads dient Theater der Entschleunigung und lässt doch eine Vielfalt von Eindrücken zurück. Schülerinnen und Schüler können mit Hilfe des Theaters ihr eigenes kreatives Denken fordern und fördern, welches leider oft durch vorgegebene Inhalte in Filmen, Computerspielen oder Musikvideos eingeschränkt ist.

Theater bietet eine Fläche des Austauschs, des Aktivwerdens beim Zuschauen. Eine gezielte Vorbereitung durch die Lehrkraft, aber auch eine gewisse Freizügigkeit gegenüber den Schülerinnen und Schülern kann Horizonte erweitern, Kreativität fördern und vor allem im Fremdsprachenunterricht zur Überbrückung von Sprachbarrieren dienen.

Schüchterne Schülerinnen oder Schüler finden oft durch kreative Methoden einen Zugang zur Sprache und die Verbindung zwischen Bild, Sprache und Bewegung im Theater bietet einen Anlass, sich aktiv mit einer Handlung oder vielleicht vor dem Besuch einer als ‚schwer' wahrgenommenen Lektüre auseinanderzusetzen.

Die Schülerinnen und Schüler teilen in ihrem Klassen- oder Kursverband ein besonderes und oft selten gewordenes Erlebnis. Die Diskussion nach dem Theaterbesuch regt zu einem aktiven und kreativen Miteinander an und stärkt den Verband.

Durch die zahlreichen und liebevoll aufbereiteten Materialbereitstellungen der Theater wird den Lehrkräften nicht nur viel Arbeit und Stress abgenommen, sondern vor allem auch eine Verbindung zwischen Schule und einer kulturellen Institution geschaffen.

Die Zusammenarbeit zwischen diesen beiden Polen ist gegenseitig befruchtend und von besonderem Wert. Wie Scheuren immer wieder betont, sind die Mitarbeiter der Theater durchaus an einem jungen und kritischen Publikum durchaus interessiert und dieses Interesse wiederum schafft einen Anreiz für Schülerinnen und Schüler. Das zuvor Abstrakte wird nun greifbar und besonders die Gespräche mit Schauspielerinnen, Schauspielern oder dem Regisseur dienen oft als Anlass sich intensiver mit einer Materie auseinanderzusetzen. Anders als beim Schauen eines Filmes werden Charaktere nun greifbar und erfahrbar gemacht.

Theater gehört zur Schule wie die Schule auch zum Theater gehört.

Nichts ist im Verstand, was nicht vorher in den Sinnen.[8]

---

[8] Zitat nach John Locke.

Quellen

Friedrich, Sina (2010): *Johann Heinrich Pestalozzi: Ein Überblick über Biografie, Grundgedanken und Einfluss auf das heutige Bildungssystem.* München: Grin.

Liebau, Eckart (2009): *Die Kunst der Schule. Über die Kultivierung der Schule durch die Künste.* Bielefeld: transcript.

Rahmenlehrplan des Landes Brandenburg: *Begegnung mit der ersten Fremdsprache:* http://bildungsserver.berlin-brandenburg.de/fileadmin/bbb/unterricht/rahmenlehrplaene_und_curriculare_materialien/seku ndarstufe_I/2008/1.%20Fremdsprache-RLP_Sek.I_2008_Brandenburg.pdf. (letzter Zugang: 10.Januar 2013).

Scheuren, Daniela (2008): *Schüler im Theater. Ein Leitfaden.* Würzburg: Mainfranken Theater AG, Red. Elisabeth Strauß.

Schriewer, Julia (2002): *Theorie und Praxis von Berthold Brechts epischem Theater.* München: Grin.

Statistisches Bundesamt (2011): *Statistik zu Theaterbesuchen in der Bundesrepublik Deutschland.*www.destatis.de (letzter Zugang: 10.Januar 2013).